JOSÉ MARÍA FERNÁNDEZ LUCIO, SSP

AF193489

El Ángelus

Orar y contemplar la Anunciación y
el misterio de la Encarnación

SAN PABLO

© SAN PABLO 2024
   Protasio Gómez, 11-15. 28027 Madrid
   Tel. 917 425 113
   secretaria.edit@sanpablo.es - www.sanpablo.es

Texto: José María Fernández Lucio, SSP
Editor: José Ignacio Pedregosa, SSP

Distribución: SAN PABLO. División Comercial
Resina, 1. 28021 Madrid
Tel. 917 987 375
E-mail: ventas@sanpablo.es
ISBN: 978-84-285-7091-6
Depósito legal: M. 4.578-2024
Impreso en Artes Gráficas Gar.Vi. 28970 Humanes (Madrid)
Printed in Spain. Impreso en España

El ángel del Señor anunció a María.
Y ella concibió por obra del Espíritu Santo.
Dios te salve, María...

He aquí la esclava del Señor.
Hágase en mí según tu Palabra.
Dios te salve, María...

Y el Verbo de Dios se hizo carne.
Y habitó entre nosotros.
Dios te salve, María...

V. Ruega por nosotros, santa Madre de Dios.
R. Para que seamos dignos de alcanzar las promesas de nuestro Señor Jesucristo.

Oremos: Infunde, Señor, tu gracia en nuestras almas, para que los que hemos conocido, por el anuncio del ángel, la Encarnación de tu Hijo Jesucristo, lleguemos, por los méritos de su Pasión y su Cruz, a la gloria de la Resurrección. Por Jesucristo, nuestro Señor. Amén.
Gloria al Padre...

Introducción

El Ángelus, esa breve oración que tradicionalmente se reza tres veces al día –por la mañana, al mediodía y por la tarde–, encierra en sí misma y mediante unas breves palabras, el gran misterio escondido desde hace milenios y que se manifestó con el anuncio del ángel a una humilde muchacha de Nazaret, llamada María. Con su consentimiento al anuncio del ángel se llevó a cabo la obra maravillosa de la Salvación de la humanidad.

El origen de esta oración se pierde en la memoria de los siglos, pero la han rezado los cristianos de todos los tiempos y sigue aún vigente.

Es la oración mediante la cual elevamos nuestra mente a Dios o entablamos un diálogo con Él como Padre que, como ya sabemos, nos ama; y a la vez, meditamos sobre el gran misterio de la Salvación, sus consecuencias en nuestra vida y la renovación que con ella se hace del cosmos. Al orar con el Ángelus, pedimos las gracias necesarias para que la acción salvadora de Jesucristo se traduzca en nuestras vidas, contribuyendo a que se cumpla la voluntad del Padre en la tierra como en el cielo.

Nos enseña cómo tendría que ser la vida del cristiano haciendo visible lo que pedimos cuando rezamos el Padrenuestro: «Hágase tu voluntad en la tierra como en el cielo».

María, la llena de gracia, responde a la propuesta del ángel aceptando dicha voluntad del Padre: «Aquí está la esclava del Señor. Hágase en mí según tu Palabra».

El Ángelus ha acompañado la vida y actividad de todos los cristianos. Por la mañana para iniciar las labores cotidianas, al mediodía para invitarles a reponer fuerzas mediante la comida y un breve descanso y por la tarde para cerrar la actividad. Siempre bajo el amparo y la protección de la Virgen Madre.

Los papas han recomendado apasionadamente esta devoción del Ángelus y la han convertido en una alegre cita en la plaza de San Pedro, todos los miércoles. El papa aprovecha tal ocasión, además de para rezar el Ángelus, para enviar un breve mensaje, no solo a los que se reúnen en la plaza, sino también al mundo entero.

El Ángelus encierra un gran misterio. Dios, para la creación del mundo, no necesitó de nadie pues no existía el hombre. Sin embargo, para salvar a la humanidad se sirve de un arcángel que anuncia y pide su consentimiento a una criatura humana, a una joven, María de Nazaret, y a un hombre, que hará las veces de padre adoptivo de su Hijo, san José. San Agustín dirá: «El que te creó sin ti, no te salvará sin ti». Dios no necesita de la humanidad, pues es omnipotente, pero al crear al ser humano lo llama a dominar la tierra, pero cuidando y restaurando la creación: «Todo es vuestro; vosotros, de Cristo, y Cristo, de Dios» (1Cor 3,22s).

La oración del Ángelus es un momento propicio para recordar la gran misericordia de Dios hacia la humanidad. Dios se encarna por puro amor hacia nosotros, queriendo compartir su obra salvadora.

El Ángelus es una breve oración, pero encierra en sí misma el gran misterio de la Salvación. No se puede expresar en tan breves palabras una verdad mayor. Todo un Dios que se hace hombre, que se hace carne como cualquier otro ser humano, que tiene como madre a una sencilla y humilde muchacha de Nazaret y como padre a José, un humilde artesano.

Pero además a Dios le gusta humillar a los soberbios y engrandecer a los humildes, a los que no cuentan según los criterios humanos. El Ángelus, en su brevedad, es ocasión para santificar cada momento de nuestra jornada en compañía de nuestra madre la Virgen María y sentir su presencia materna[1].

Para profundizar...

«Ángelus», de Francisco Palazón.
(Disco *Madre de los creyentes*)

El ángel del Señor anunció a María
y concibió por obra del Espíritu Santo.

---

[1] Como se podrá comprobar, después de cada apartado en el que se explica esta bella y popular oración, ofrecemos la letra de un canto que ayudará a la profundización de cada una de las partes del Ángelus. A continuación, presentamos la primera de ellas (puedes escuchar la música mediante el acceso libre en YouTube).

Dios te salve María.

He aquí a la esclava del Señor,
hágase en mí según tu Palabra.
Y el Verbo se hizo carne
y habitó entre nosotros.

El ángel del Señor
anunció a María

Es el evangelio de Lucas el que nos ofrece el pasaje en el cual se dice: «A los seis meses envió Dios al ángel Gabriel a una ciudad de Galilea, llamada Nazaret, a una joven virgen, prometida de un hombre descendiente de David, llamado José. La virgen se llamaba María» (Lc 1,26-27).

Los ángeles son criaturas de naturaleza espiritual que aparecen ya en el Antiguo Testamento, pero citados raramente en los libros más antiguos del mismo. El Nuevo Testamento, por su parte, los divide en distintas clases:

serafines, querubines, tronos, dominaciones, virtudes, potestades, principados, arcángeles y ángeles. En el caso de los arcángeles, conocemos su nombre: Miguel, Rafael, Gabriel. La Biblia los presenta como enviados por Dios para cumplir diversas funciones.

San Gregorio Magno dice que: «A María le fue enviado Gabriel, cuyo nombre significa "fortaleza de Dios", porque venía a anunciar a aquel que, a pesar de su apariencia humilde, había de reducir a los principados y potestades. Era, pues, natural que aquel que es la fortaleza de Dios anunciara la venida del que es Señor de los ejércitos y héroe en las batallas. Hay que saber que el nombre de "ángel", designa la función, no el ser del que lo lleva» (*Homilía sobre los evangelios*).

Nos los presenta, la Sagrada Escritura, siempre dispuestos y preparados para desarrollar sus funciones de mensajeros de Dios en favor de aquellas personas a las que son enviados. El salmo 103 dice: «Bendecid al Señor todos sus ángeles, héroes poderosos, agentes de sus órdenes, atentos a la voz de su Palabra».

La Salvación es un misterio de Dios y san Pablo se complace en indagar sobre las divinas intenciones que revelan los motivos recónditos de la Encarnación. En la Carta a los gálatas encontramos la frase: «Pero cuando se cumplió el tiempo, Dios envió a su Hijo, nacido de una mujer, nacido bajo la Ley» (Gál 4,4). Es el momento en que toda la historia de Israel y de toda la humanidad se revela orientada hacia ese plazo de los tiempos, el momento en que Dios cumple «lo que la Ley era incapaz de hacer, debido a los bajos instintos del hombre, lo hizo Dios enviando a su propio Hijo en condición semejante a la del hombre pecador, como sacrificio por el pecado y para condenar el pecado en su misma naturaleza humana. Así nosotros, que vivimos conforme al Espíritu y no conforme a los bajos instintos, podemos practicar la justicia que ordena la Ley» (Rom 8,3s).

La palabra «plenitud» nos habla de un espacio de tiempo de preparación antes de que se efectuara la Encarnación del Verbo. Desde ese momento esta Persona divina se encuentra dentro de la humanidad y pertenece a la humanidad para siempre.

Es el Padre el que toma la iniciativa de la obra salvífica, aunque según la economía de la Salvación no es solo una decisión que Dios toma en los siglos eternos, sino que continúa demostrando su bondad y su amor al ser humano en todas las fases de la historia de la Salvación.

¿Qué es lo que empuja al Padre a enviar a su Hijo al mundo? La respuesta es sencilla: su amor, que se expresa como misericordia, bondad y gracia.

Misericordia

Dios permitió nuestra rebeldía (judíos y gentiles) para tener misericordia de todos (cf Rom 11,32). Los judíos creían poder alcanzar la Salvación por sus propias fuerzas y «buscaban conseguirla no por la fe, sino por las obras» (cf Rom 9,32). Y teniendo en cuenta, como afirma san Pablo, que solo pueden salvarse por la misericordia de Dios, para fundamentar tal afirmación acude al libro del Éxodo: «Pues a Moisés le dice: "Tendré misericordia de quien quiera y tendré compasión de quien quiera"» (Rom 9,15). «Por consiguiente, no es obra del que quiere ni del que se esfuerza, sino de Dios, que tiene misericordia» (Rom 9,16).

Bondad

El mismo san Pablo es quien, escribiendo a su discípulo Tito le dice: «Pero Dios, nuestro Salvador, al manifestar su bondad y su amor por los hombres, nos ha salvado, no por la justicia que hayamos practicado, sino por puro amor, mediante el bautismo regenerador y la renovación del Espíritu Santo» (Tit 3,4-5).

Gracia

Si no teníamos méritos es lógico que lo que se nos da sea por pura gracia. En san Pablo, esta palabra indica grandeza y gratuidad absoluta por parte de Dios, el cual nos ha destinado a ser sus hijos «para hacer resplandecer la gracia maravillosa que nos ha concedido por medio de su querido Hijo». (Ef 1,6). Toda la obra de la Salvación se define como gracia, «pues habéis sido salvados por pura gracia» (Ef 2,5).

Aquí estoy

Ya tenemos la voluntad de Dios de enviar a su Hijo al mundo y el consentimiento del Hijo: «Por eso, al entrar en este mundo, Cristo dijo: "No has querido sacrificios ni ofrendas, pero en su lugar me has formado un cuerpo. No te han agradado los holocaustos ni los sacrificios por el pecado". Entonces dije: "Aquí estoy yo para hacer tu voluntad, como en el libro está escrito de mí"» (Heb 10,5-7).

Dios Padre, que la creación del Universo la había llevado a cabo con una sola palabra: «Hágase», y al ser humano lo había creado del barro de la tierra «a su imagen y semejanza», cuando se trata de la Salvación, recurre a la colaboración de una mujer: la Virgen María.

El ángel se hace presente y al saludarla le cambia el nombre: desde ahora ya no te llamarás María sino la «llena de gracia».

Cuando Dios elige a una persona para una obra especial, le cambia el nombre. María es elegida para llevar a cabo la obra de la Salvación. Se le propone aceptar en su seno al Hijo de Dios, al Emmanuel, que concebirá por obra del Espíritu Santo. María, la llena de gracia, responde a la propuesta del ángel: «Aquí está la esclava del Señor, hágase en mí según tu Palabra» (Lc 1,38).

¿Quién habrá que sea capaz de cantar como es debido las alabanzas de María? Ella es Madre y Virgen a la vez: ¡qué cosa tan admirable! Es una maravilla que me llena de estupor. ¿Quién ha oído jamás decir que le esté prohibido habitar en el mismo templo que Él ha construido? ¿Quién podrá tachar de ignominia el hecho de que la sirvienta sea adoptada como Madre? (san Cirilo de Alejandría, *Homilía pronunciada en el concilio de Éfeso*).

Para profundizar...

«Virgen de Nazaret», de Joaquín Madurga.
(Disco *2000 años dichosa*)

Virgen de Nazaret, joven doncella,
Dios se fijó en ti y te eligió
para cumplir los planes de sus promesas,
para encarnar en ti la Salvación.

En Nazaret consagraste tu vida a Dios;
en Nazaret entregaste tu «sí» al Señor;
en Nazaret engendraste al Salvador.

Fue Nazaret una escuela de fe y acción;
fue Nazaret una mesa de pan y amor;
fue Nazaret vida plena de comunión.

Virgen y llena de gracia en Nazaret,
Virgen, esposa sin mancha de Nazaret,
Virgen, madre inmaculada en Nazaret.

Y ella concibió por obra
del Espíritu Santo

«Y ella concibió por obra del Espíritu Santo». No hay en este acontecimiento nada humano, sino única y exclusivamente una obra del Espíritu Santo. María está comprometida con José para formar una familia y a la propuesta del ángel la pregunta de María supone un obstáculo a su virginidad. «¿Cómo será esto?».

Las palabras de la respuesta del ángel son una nueva revelación: recuerdan la presencia de Dios en su tienda y en su templo. Estas palabras, ahora, se refieren y se aplican a la Virgen.

En el orden de la gracia no existen pesos o medidas, sino solo la plenitud. Cuando el Espíritu Santo desciende sobre la Virgen María lo hace con la plenitud de sus siete dones. Según ella se va encontrando más vacía de sí misma, más abundante es la gracia.

Nos preguntamos: ¿sigue habiendo manifestaciones de Dios?, ¿sigue hablando hoy a la humanidad? La Carta a los hebreos nos dice: «Muchas veces y de muchas formas habló Dios en el pasado a nuestros padres» (cf 1,1); y hoy sigue hablando también de muchas formas a nuestro mundo, pues la palabra de Dios sigue y no se acaba. Lo que sucede es que nos faltan las disposiciones necesarias para percibirla.

El papa Francisco ha escrito en su carta apostólica *Desiderio desideravi*: «La posmodernidad –en la que el hombre se siente aún más perdido, sin referencias de ningún tipo, desprovisto de valores porque se han vuelto indiferentes, huérfanos de todo, en una fragmentación en la que parece imposible un horizonte de sentido– sigue cargando con la pesada herencia que nos dejó la época anterior, hecha de individualismo y subjetivismo (que recuerdan, una vez más, al pelagianismo y al agnosticismo), así como por un espiritualismo abstracto que contradice la naturaleza misma del hombre, espíritu encarnado y, por tanto, en sí mismo capaz de acción y comprensión simbólica» (28).

La Palabra solo se oye en el silencio y estamos rodeados de demasiados ruidos que impiden su escucha. Nuestro mundo se distingue por su velocidad, sin embargo, la urgencia y Dios no tienen prisa, pero llegan a tiempo. Un silencio que no sirve solo para la escucha, sino también para una vida sana psicológicamente.

Reflexión actual

El misterio de la concepción inmaculada de la Virgen está de plena actualidad. Nos lleva a reflexionar sobre el gran problema universal de la escasez de nacimientos. Se está planteando la vida del «bienestar», del poseer, del dinero, del trabajo. En una palabra, de los propios gustos. ¿Se ha perdido el sentido y el valor de la vida como don de Dios?

Silencio y asombro

La Santísima Virgen María es caracterizada como la mujer del silencio, pero hemos de entender bien lo que es el silencio, pues hay silencios y silencios: unos saludables y otros perjudiciales. El silencio de María es un callar para escuchar y fundirse como en un abrazo con Dios que la mira y la ama. Es un no considerar a Dios como un simple oyente que no tiene nada que decir. Dios no solo está ante cada uno de nosotros, sino dentro de cada uno de nosotros. Para esto hay que considerar a Dios como a un amigo y que estamos ante Él, junto a Él sin ninguna intención por nuestra parte, sencillamente estamos.

Se lee en la vida del santo Cura de Ars que, en su parroquia, había un hombre que todos los días se acercaba al templo y se quedaba ante el Sagrario en silencio, sin pronunciar ni una palabra. Intrigado por esta actitud, el santo Cura de Ars le preguntó qué le decía a Jesús en su oración, a lo que el buen hombre respondió: «No le digo nada, sencillamente yo le miro y él me mira». Maravillosa oración de fusión entre dos seres que se aman.

A veces, las palabras nos traicionan. No es necesario presentar nada a Dios: ni ideas, ni pensamientos por fervorosos que sean. Estamos sencillamente ante Dios en silencio, con el corazón vacío para que el Señor lo llene de su amor, de ese amor que no se puede definir con palabras. No necesitamos presentar nada a Dios: ni nuestras ideas o sentimientos, aunque sean piadosos. Estamos sencillamente ante Dios en silencio. Mantenemos nuestro corazón vacío en su presencia para que Él lo llene de su indecible amor, de un amor que no se puede definir con palabras.

Evagrio Póntico dice: «¿Qué puede ser más grande que hablar personalmente con Dios y vivir en su presencia? Una oración que no puede ser distraída por nada es la máxima cumbre a la que puede llegar el hombre».

Pero existen silencios peligrosos, y son aquellos que no producen paz en el espíritu, los que suscitan agitación y miedo, los que nos distraen y nos convierten en personas superficiales; los que nos alejan de nosotros mismos y nos hacen sentir el vacío existencial, el sinsentido de la vida.

Para muchos constituye un problema el no poder expresar lo que les ocurre interiormente. Se lo tragan, engullen la irritación, el desasosiego, el dolor. En estos casos el silencio se convierte en veneno. Si alguien cree que no necesita de los demás, que puede resolver los problemas que le acosan por sí mismo, el silencio no le curará, sino que contribuirá a aislarle más cada día.

San Agustín tiene una frase que puede ser como la síntesis de lo hasta ahora apuntado: «El mejor discípulo vuestro [de Jesús] es aquel que se preocupa menos de oír lo que quiere que de querer lo que de vos oyere» (*Confesiones*, XXVI).

El asombro

Cuando María recibe la visita del ángel para solicitar de ella ser la Madre del Redentor, se queda asombrada. El elemento de este asombro positivo es aquel instante cargado de sosiego, aquel instante en el que una percepción o una imagen, en otro caso perfectamente indiferente, conmueve y presenta feliz la intensidad del existir. El asombro es el pretexto para preparar a la persona ante la pregunta: ¿cómo puede ser eso? Y la respuesta es la llamada: a Moisés a sacar al pueblo de la esclavitud de Egipto y a María a ser la Madre del Redentor y liberar a la humanidad del pecado.

María se siente como Moisés ante la zarza que arde sin consumirse. Si Moisés no pudo acercarse a la zarza en llamas hasta que se quitó las sandalias, esto quiere decir que para presentarse ante Dios hay que despojarse de todo pensamiento provocado por las pasiones. La Virgen se encuentra despojada de sí misma: «Hágase en mí según tu Palabra» (Lc 1,38).

En medio de ese asombro, tiene que afrontar lo que se le pide, y más asombrosa todavía es la respuesta de María que, después de depositar su confianza en Dios, se convierte en Madre del Salvador.

Los pensamientos de Dios son inescrutables y no admiten discusiones sino aceptación por la fe. Hans Urs von Balthasar habla «de la apertura del corazón que significa entrega de lo más íntimo y personal para que todos puedan utilizarlo; de esta forma, todos pueden entrar en ese espacio así abierto y vaciado».

Para profundizar...

«Reina de los apóstoles», de Bernardo Velado y Antonio Alcalde.

(Disco *Espíritu Santo, guíanos*)

Estaban reunidos con María,
la Madre de Jesús,
la Madre de la Iglesia,
que nacía brotando de la Cruz
y descendió el Espíritu aquel día
con su fuerza, con su luz.

Reina de los apóstoles,
unánimes contigo,
clamamos con fervor:
«Ven Espíritu Santo
e infúndenos tu amor».
E infúndenos tu amor.

Por obra del Espíritu, engendraste
a Cristo Salvador
y fuerte en el Espíritu
ayudaste a Cristo Redentor,
a la naciente Iglesia la abrigaste
con ternura, con amor.

La Iglesia con María peregrina,
velando en oración,
al soplo del Espíritu camina
haciendo comunión.
Él es la fuerza y juventud divina
que mueve su corazón.

He aquí la esclava del Señor. Hágase en mí según tu Palabra

«He aquí», disponible, dispuesta a que se cumplan en ella, y a través de ella, los designios divinos sobre la humanidad. Lo que por Eva perdimos, se nos devuelve a través de María al aceptar ser la Madre del Salvador.

«La esclava», pero no es una esclavitud al modo humano, sino al divino, es decir, conformando su voluntad a la de su Señor. La esclavitud de María consiste en estar vacía de sí misma para que la llene Dios. Dios no quiere esclavos, sino amigos, voluntarios, generosos. Dios nos ha dado la libertad para que decidamos ser o no ser, estar de su parte o en su contra; es el «contra Dios o a favor de Dios». «Ya no os llamo siervos, pues el siervo no sabe qué hace su señor; yo os he llamado amigos porque os he dado a conocer todas las cosas que he oído a mi Padre» (Jn 15,15). Y María sabe para qué se le pide su consentimiento.

«La humildad, ascendiendo a Dios –nos dirá Unamuno–, la simboliza María, ascendiendo a Dios ayudada de su gracia; Cristo es Dios descendiendo a la humanidad, a María. El canto de la humanidad es el Magníficat, así como su oración es el Padrenuestro».

«Hágase en mí» viene a trastocar lo que aquella humilde doncella había planificado para su vida: un esposo, una familia. María es consciente de que esa respuesta altera todos los planes que se había forjado para el futuro; y a pesar de todo, conforma su voluntad a la de Dios. Es lo mismo que rezamos en el Padrenuestro: «hágase tu voluntad». Todo ello supone ponerse a disposición de Dios como los grandes patriarcas del Antiguo Testamento: dejar su casa, su patria, sus amigos y lanzarse hacia delante sin saber ni el camino, ni el término del mismo.

«Según tu Palabra». La palabra de Dios es la norma de su vida. Ella concebirá a la Palabra eterna, la que existía en el principio, antes y desde todos los siglos. La palabra de Dios y Dios mismo. Dios que se hace hombre. Gran misterio escondido desde hace siglos y que ahora se revela.

Colaboradores de Dios

Dios, el omnipotente, el Señor del cielo y de la tierra, en la obra de la Redención no quiere actuar solo, sino que pide la colaboración humana a través de una humilde muchacha. Es el modo de actuar de Dios: a través de la debilidad humana.

Dios se sirve de una humilde y sencilla joven de Nazaret. En la economía de la Salvación es Dios quien actúa, dirige y guía. Solo necesita que la criatura esté disponible para llevar a cabo ese designio salvífico.

Nos vienen a la memoria aquellas palabras del salmo 8: «¿Qué es el hombre para que te acuerdes de él, el ser humano para que de él te preocupes? Apenas inferior a un dios lo hiciste, lo coronaste de gloria y dignidad; le diste el señorío de la obra de tus manos, bajo sus pies todo lo pusiste». O estas otras del salmo 144: «Señor, ¿qué es el hombre para que te cuides de él, este mortal para que en él pienses? El hombre es como un soplo, sus días como sombra que pasa».

Cuando la Virgen María pronuncia el «hágase en mí según tu Palabra» (Lc 1,38), no es solamente una acción de buena voluntad o de obediencia la que realiza, sino un acto de fe. «La Virgen María realiza de la manera más perfecta la obediencia de la fe. En la fe, María acogió el anuncio y la promesa que le traía el ángel Gabriel creyendo que "nada es imposible para Dios" (Lc 1,37) y dando su asentimiento: "He aquí la esclava del Señor, hágase en mí según tu Palabra" (Lc 1,38). Isabel la saluda "la que ha creído que se cumplirán las cosas que le fueron dichas de parte del Señor" (Lc 1,45). Por esta fe todas las generaciones la proclamarán bienaventurada (cf Lc 1,48)» (CCE 148).

«La palabra del Señor, ayer como hoy, provoca siempre una división. La palabra de Dios divide, ¡siempre! Provoca una división entre quien la acoge y quien la rechaza. A veces también en nuestro corazón se enciende un contraste interior; esto sucede cuando advertimos la fascinación, la belleza y la verdad de las palabras de Jesús, pero al mismo tiempo las rechazamos porque nos cuestionan, nos ponen en dificultad y nos cuesta demasiado observarlas [...]. Cuando los corazones se abren al Evangelio, el mundo comienza a cambiar y la humanidad resucita. Si acogemos y vivimos cada día la palabra de Jesús, resucitamos con él» (papa Francisco, *Homilía de la visita pastoral a Pompeya y Nápoles,* 21 de marzo de 2015).

La fe

«Solo la fe puede adherirse a las vías misteriosas de la omnipotencia de Dios. Esta fe "se gloría de sus debilidades con el fin de atraer sobre sí el poder de Cristo" (cf 2Cor 12,9; Flp 4,13). De esta fe, la Virgen es el modelo supremo; ella creyó que "nada es imposible para Dios" (Lc 1,37-38), y pudo proclamar las grandezas del Señor: "el Poderoso ha hecho en mí maravillas, Santo es su nombre" (Lc 1,49)» (CCE 273).

La fe no es solamente un acto intelectual de creer que existe Dios, sino fundamentalmente una adhesión de toda la persona a la voluntad y a la palabra de Dios, presente en Jesucristo. Tener fe es confiar, abrirse, amar, cumplir, vivir, entregarse totalmente.

La Carta a los hebreos, en su parte final, es un llamamiento a vivir la fe, que es una llamada que Dios nos hace por Cristo. Apoyándonos en Jesucristo, nuestro hermano, en quien Dios desplegó toda su fuerza salvadora. Luchemos para abandonar definitivamente el camino del pecado, viviendo en santidad, paz y amor.

Esta carta define la fe como «la garantía de las cosas que se esperan, la prueba de aquellas que no se ven» (Heb 11,1).

«Ella, en efecto, como dice san Ireneo, "por la obediencia fue causa de salvación propia y de todo el género humano". Por eso no pocos Padres antiguos, en su predicación, coincidieron en afirmar: "el nudo de la desobediencia de Eva lo desató la obediencia de María. Lo que ató la virgen Eva por su falta de fe lo desató la Virgen María por su fe". Comparándola con Eva, llaman a María "Madre de los vivientes" y afirman con mayor frecuencia: "la muerte vino por Eva, la vida por María" (LG 56)» (CCE 494).

Y finalmente, María es modelo de confianza en Dios y en su divina Providencia, porque el saber abandonarnos en sus manos es esencial en la vida de todo cristiano. El papa Francisco nos pregunta: «¿Hasta dónde llega nuestra confianza en Dios, en su amor providente y misericordioso? ¿Estamos dispuestos a arriesgar, a ser valientes y decididos en nuestra misión?».

Existen esclavitudes que no son precisamente como las de la Virgen María. Vivimos esclavos de nuestras pasiones, de nuestras posesiones, de nuestro dinero, de nuestra salud... y eso nos impide disfrutar de la libertad de espíritu. Cuanto más tenemos más corremos el peligro de caer en la esclavitud. Nos gloriamos de ser libres y libertad es, tal vez, lo que menos tenemos.

La esclavitud de la Virgen María nace del amor, en primer lugar, a Dios y a los demás. El no amar a nadie puede llevarnos a creer que amamos a Dios. Sin embargo, tal y como vemos en María, lo que la empuja a volcarse en ayudar a su prima es el amor de Dios. El amor de Dios y el del prójimo son inseparables y quien dice que ama a Dios y no ama a su hermano es un mentiroso (cf 1Jn 4,20).

Humildad quiere decir también servicio, significa dejar espacio a Dios negándose a uno mismo, «despojándose», como dice la Escritura. Este despojarse es la humillación más grande.

Valor de lo cotidiano

Sin negar ninguna de las gracias y de los privilegios concedidos a María, lo que aparece de tejas para abajo en ella, desde una apreciación exclusivamente humana, no es destacable, a no ser la grandeza de lo pequeño. Es una sencilla y humilde joven como cualquier otra de Nazaret. Tal es así que no se la conoce de otro modo, sino como María, «la mujer del carpintero», aquella que se ocupaba de las tareas de su casa.

Por tanto, ¿qué es lo que habría que destacar en la vida de María, así como en la vida de cada uno de los mortales? Esta pregunta nos lleva a reflexionar sobre la importancia de las cosas pequeñas, de lo ordinario de la vida, a lo que tantas veces no le damos ninguna importancia. San Pablo nos dirá: «Todo es vuestro; vosotros, de Cristo, y Cristo, de Dios» (1Cor 3,22s).

Para hacernos una idea del valor de lo cotidiano, no encontraremos un ejemplo mejor que una mirada a la Encarnación del Hijo de Dios; se encarna en el mundo de los seres humanos por el cauce normal: «semejante en todo a sus hermanos, menos en el pecado» (cf Heb 2,17). Dios envía a su Hijo «en condición semejante a la del hombre pecador» (Rom 8,3). «Pues no tenemos un sumo sacerdote incapaz de compadecerse de nuestras debilidades, ya que fue probado en todo a semejanza nuestra, a excepción del pecado» (Heb 4,15).

Dios podía haber creado una naturaleza adulta, perfecta, para su Hijo y haberse encarnado en ella, pero lo hizo por un cauce normal: «Nacido de una mujer» (Gál 4,4), en un lugar concreto; y, por cierto, en un pueblo desconocido de las montañas de Galilea, en una fecha concreta, envuelto en pañales y acostado en un pesebre. Toda la vida de Jesús transcurre en medio de cosas pequeñas.

¿Qué sentido tienen en sí las cosas? ¿Qué papel desempeñan en nuestra vida? Ante estas preguntas la respuesta la tenemos en la *Gaudium et spes:* «La Iglesia, custodio del depósito de la palabra de Dios, del que emanan los principios en el orden religioso y moral, sin que siempre tenga a mano respuesta adecuada a cada cuestión, desea unir la luz de la Revelación al saber humano para iluminar el camino recientemente emprendido por la humanidad» (33).

Y prosigue el mismo documento: «Esta enseñanza vale igualmente para los quehaceres más ordinarios. Porque los hombres y mujeres, mientras procuran el sustento para sí y sus familias, realizan su trabajo de forma que resulta provechoso y en servicio de la sociedad; con razón pueden pensar que con su trabajo desarrollan la obra del

Creador, sirven al bien de sus hermanos y contribuyen de modo personal a que se cumplan los designios de Dios en la historia» (GS 34).

Tenemos que contemplar nuestra labor cotidiana con otros ojos. Si me dejo llevar solamente por las ocupaciones que realizo, me sentiré abrumado por el peso del trabajo. Pero si experimento en mí y procuro un espacio para Dios, entonces se relativiza todo. No se trata de conseguir todas las expectativas propias y ajenas, sino de buscar a Dios en todas las cosas. El trabajo puede ser santificado si al comenzarlo, por ejemplo, rezamos esta breve oración que nos ofrece la liturgia: «Que mi trabajo empiece en ti como en su fuente y tienda a ti como a su fin»; o nos santiguamos, con la señal de la Cruz, antes de comenzar cualquier quehacer, al dormir y al despertar.

Para profundizar...

«Virgen Nazarena», de Bernardo Velado y
Antonio Alcalde.

(Disco *María en los tiempos litúrgicos*)

Virgen nazarena, te saluda el ángel;
y entrega asombrado, de Dios el mensaje.
El cielo y la tierra te cantan el «Ave»;
y esperan ansiosos el «sí» de la Madre.

Humilde te inclinas,
pronuncias el «hágase»,
cáliz de rocío donde Cristo nace.
Tu pecho rebosa de amor inefable,
tus labios ensayan nanas maternales.

Dios le dará el trono de David su padre,
salvará a su pueblo de todos los males.
Pozo de silencio que siempre escuchaste,
la palabra viva del Dios hecho carne.

En ti se remansan siglos expectantes,
cumplió las promesas que dio a nuestros
  padres.
Contigo la Iglesia ora suplicante,
ven a nuestro mundo, ven Señor no
  tardes.

Y el Verbo de Dios se hizo carne

«**Y** el Verbo de Dios se hizo carne». Llegamos al gran misterio inconcebible para la mente humana pero a la vez realidad palpable: Dios se hace hombre, con todas las consecuencias que eso supone. Viene para «habitar entre nosotros». San Ireneo dirá: «La gloria de Dios es el hombre vivo, y la vida del hombre consiste en la visión de Dios: si ya la revelación de Dios a través de la creación da vida a todos los seres que viven en la tierra, ¡cuánto más la manifestación del Padre a través del Verbo es causa de vida para los que ven a Dios!».

«Yo estoy con vosotros todos los días hasta el fin del mundo» (Mt 28,20).

Se encarna para redimirnos del pecado; para abrirnos el camino de la Salvación. Donde abundó el pecado sobreabundó la gracia (cf Rom 5,20). Comparte con nosotros nuestra vida temporal. Confiere dignidad eterna a la naturaleza humana.

La Carta a los gálatas se detiene para recalcar la realidad humana de Jesús: «Dios envió a su Hijo, nacido de una mujer, nacido bajo la Ley» (Gál 4,4). Con estas palabras san Pablo nos está diciendo que Cristo asumió una humanidad real, como la nuestra, «nuestra propia identidad, hecha de alegrías, pero también y sobre todo de limitaciones, de dolor y de muerte» (Gianfranco Ravasi, *La Pasión en tiempos de coronavirus,* en Vida Nueva, 8 de abril de 2020), «nacido de la estirpe de David» (Rom 1,3), bajo la Ley, como todo hijo de su pueblo; pero también, como el primero capaz de cumplirla.

«Dios verdadero y hombre verdadero se conjugan armoniosamente en la única persona del Señor; de este modo, tal como convenía para nuestro remedio, el único y mismo mediador entre Dios y los hombres pudo a la vez morir y resucitar, por la conjunción en él de esta doble condición... Tal era, amadísimos, la clase de nacimiento que convenía a Cristo, fuerza y sabiduría de Dios; con él se mostró igual a nosotros por su humanidad, superior a nosotros por su divinidad. Si no hubiera sido Dios verdadero, no hubiera podido remediar nuestra situación; si no hubiera sido hombre verdadero, no hubiera podido darnos ejemplo» (san León Magno).

Se hace uno de nosotros, menos en el pecado: siente, llora, suda, tiene hambre y sed y padece las debilidades humanas, como vemos por la narración que hacen los evangelios de su vida terrenal. Su vida es tan extremadamente pobre que «no tiene donde reclinar la cabeza» (Mt 8,20), aun siendo el Creador de todo.

«Al entrar en este mundo, Cristo dijo: "No has querido sacrificios ni ofrendas, pero en su lugar me has formado un cuerpo. No te han agradado los holocaustos ni los sacrificios por el pecado". Entonces dije: "Aquí estoy yo para hacer tu voluntad"» (Heb 10,5-7).

Y el mismo autor de la Carta a los hebreos añade: «Y en virtud de esta voluntad nosotros somos santificados, de una vez para siempre, por la ofrenda del cuerpo de Jesucristo» (10,10).

Paul Claudel exulta: «Este es aquel a quien un cielo repentinamente legible y en el que pululan todas las notas del antifonario propone a los ángeles la revelación del *"Gloria in excelsis"*. Este es aquel que hizo retroceder al sol y arrancó al mayor de los cuatro grandes profetas, entre los otros doce estas exclamaciones: "Maravilla de Consejero, Dios guerrero, Padre perpetuo, Príncipe de la paz. ¡Ah! Realmente hasta ahora, hasta hoy, no habíamos podido exclamar: 'En verdad eres un Dios escondido'. Dios, no pudiendo hacerse conocer, tuvo que hacerse nacer"».

«Quien se inicia en la oración cristiana. Quien ruega con insistencia al Padre de los cielos. Quien demanda del Señor remedio a sus necesidades... Todos ellos se quejan con frecuencia de que Dios no responde... De acuerdo. Él no responde. O por lo menos no contesta en la forma como nosotros lo esperamos. Pero la fe cristiana explica que el Señor respondió de antemano a todas nuestras peticiones. Nos dio su Palabra. El Verbo se hizo carne. La palabra de Dios apareció entre nosotros. Antes de todas nuestras palabras y nuestras preguntas, antes de que formuláramos todas nuestras quejas y dolores. Dios envió su Palabra para responder a todos los hombres. Por eso llamamos a Jesús el Verbo del Padre» (Gustavo Vélez Vázquez).

Para profundizar...

«Puente y camino», de Cesáreo Gabaraín.
(Disco *Madre del Redentor*)

María, puente y camino
que Dios y el hombre recorren.
Tú que nos traes a Dios, llévanos a Él. (2)

Eres aurora y estrella
que anuncian el nuevo día.
Tú nos anuncias a Cristo;
lo traes, Virgen María.
Vives con él, y a su lado
tu vida tiene sentido.
Amas a Dios y a tu hijo

queriendo en un mismo latido.
Cuerpo de Cristo es la Iglesia y
tú María, su madre.
Eres figura y camino
de nuestro peregrinaje.

Y habitó entre nosotros

«Y habitó entre nosotros». Su vida humana es norma de vida para nosotros. Nos enseña a vivir, a trabajar, a descubrir el valor de las cosas que ocurren a diario a nuestro alrededor. A gustar de las cosas pequeñas, de la amistad, de la generosidad, de la entrega por los demás.

Nos enseña a vigilar nuestros egoísmos, nuestras ganas de prestigio exagerado, de sobresalir, de creernos más que los demás. Para Jesús que se encarna lo más es menos y lo menos es más. Jesús pone en entredicho lo que nosotros consideramos como valores humanos, siendo él modelo y ejemplo de lo que dice.

El que Dios no se haya quedado para sí a su Hijo es una muestra de lo mucho que ama a su Hijo y en él ama a toda la humanidad. «Él nos ha obtenido con su sangre la Redención, el perdón de los pecados, según la riqueza de su gracia» (Ef 1,7).

Al encarnarse, Cristo renuncia a los honores que le corresponden por ser Dios, por su naturaleza divina y vive como todos los hombres, se «vacía de sí mismo» (cf Flp 2,7), de todo lo que puede manifestar exteriormente su propio ser divino, y asume todas las condiciones humanas y que san Pablo expresa con las palabras: «forma de esclavo» (cf Flp 2,7). «Vosotros ya conocéis la generosidad de nuestro Señor Jesucristo, el cual siendo rico se hizo pobre por vosotros para enriqueceros con su pobreza» (2Cor 8,9).

Por amor

Dios nos demostró cuánto nos amaba al darnos la misma vida de Cristo: «Pero Dios, rico en misericordia, por el inmenso amor con que nos amó, nos dio vida juntamente con Cristo (pues habéis sido salvados por pura gracia) cuando estábamos muertos por el pecado» (Ef 2,4-5).

San Pablo usa preferentemente la palabra «justicia» en lugar de «justificación» o «justicia de Dios». En el lenguaje bíblico la justicia de Dios es todo lo que Dios quiere realizar en el hombre: liberación interior, paz, perdón, amor, pobreza... Podría traducirse también por «santidad» si esta palabra no tuviese, en ocasiones, un sentido peyorativo.

No podemos por menos de exultar de gozo como san Pablo cuando escribe a los efesios: «Nos resucitó y nos hizo sentar con Él en los cielos con Cristo Jesús, a fin de manifestar en los siglos venideros la excelsa riqueza de su gracia mediante su bondad para con nosotros en Cristo Jesús» (Ef 2,4-7).

De lo que se trata ahora no es de la promesa de la paz, sino de su envío, no de la dilatación de su entrega, sino de su realidad, no de su anuncio profético, sino de su presencia. Es como si Dios hubiera vaciado sobre la tierra un saco lleno de misericordia, un saco que habría de desfondarse en la Pasión, para que se derramara nuestro precio, oculto en él; un saco pequeño pero lleno. Ya que, «un niño se nos ha dado» pero en él «habita toda la plenitud de la divinidad». Ya que cuando llegó la plenitud del tiempo, hizo también su aparición la plenitud de la divinidad. Vino en carne mortal para que, al presentarse así ante quienes eran carnales, en la aparición de su humanidad se reconociese su bondad.

Porque, cuando se pone de manifiesto la humanidad de Dios, ya no puede manifestarse oculta su bondad (san Bernardo, *En la Epifanía del Señor*).

De carne y hueso

Los evangelios y san Pablo nos presentan a un Jesús «sencillamente humano», de carne y hueso como cualquiera de los mortales, menos en el pecado. Eso de ser humanos puede parecer una cosa muy simple por el hecho de haber nacido normalmente, pero, en la vida real no es tan frecuente que seamos «humanos» y no hay más que remitirnos a los hechos: ¿a qué se deben las guerras, las envidias, los conflictos y tantos odios como aparecen cada día? Todo esto, nosotros mismos lo juzgamos como inhumano, pero seguimos cayendo en ello.

No podemos edificar nada duradero si antes no somos humanos; toda educación debe comenzar por formarnos para ser humanos, ser cristianos, y sobre estas bases podremos tener a los hombres o mujeres que desarrollan una actividad en la vida humanamente. Cuando el evangelio comenta que encontraron a Jesús después de haberse perdido en el templo, nos dice que crecía «en sabiduría, en estatura y en gracia» (Lc 2,52).

San Pablo nos presenta a Cristo que nos rescata de la maldición de la Ley, haciéndose él mismo maldición por nosotros, pues está escrito: «Maldito el que está colgado en un madero» (cf Dt 21,23). Es así como las naciones paganas habían de recibir en Cristo la bendición de Abrahán y es así como recibimos por la fe el Espíritu que fue prometido (cf Gál 3,13-14).

La vida de Jesús se presenta muy humana. Como cualquier ser humano llega a Samaría cansado, fatigado y sediento. Y pide a una mujer que le proporcione un poco de agua, un agua que en un primer momento servirá para apagar la sed y en un segundo momento se convertirá en un «manantial que salta hasta la vida eterna» (Jn 4,14).

Los discípulos se hallan en medio del lago de Galilea y se desata una tormenta tan fuerte que a pesar del trabajo por achicar el agua que ha saltado hasta la barca no pueden hacer nada y gritan a Jesús, que tranquilamente duerme: «¿No te importa que perezcamos?» (Mc 4,38). Tal vez este sea uno de los más llamativos, pero hay muchos pasajes en que Jesús muestra verdaderamente sus dotes humanas: curando toda clase de enfermedades, resucitando muertos, perdonando pecados, dando de comer a los que le siguen durante mucho tiempo –los discípulos le ruegan que les mande a buscar alimento, él les proporciona pan y pescado–... Es más, Jesús llega en su entrega total hasta dar su vida en rescate por muchos... por todos.

No deja de sorprendernos que los evangelios se esfuercen tanto en mostrarnos a Jesús tan humano, y que nosotros intentemos hacerlo tan sobrenatural. A santa Teresa le atraía más la figura humana de Jesús que los otros atributos divinos. El que Jesús se haya rebajado tanto es precisamente para que nosotros seamos más humanos. La humanidad de Cristo ha elevado hasta tal punto nuestra humanidad que nos ha hecho hijos de Dios en el Hijo. Nos ha enriquecido con dones celestiales. Ha saciado nuestra hambre y sed de Dios. Se ha convertido en nuestro Redentor y Salvador eterno.

Para profundizar...

«Madre del amor hermoso», de Joaquín Madurga.

(Disco *2000 años dichosa*)

Madre del amor hermoso, Madre de Dios,
por ti el Verbo hecho carne
con nosotros habitó.
Madre del amor hermoso, Madre de Dios,
en Belén trajiste al mundo
a Jesús, el Salvador.

Santa María, Madre de Dios,
Muéstranos a tu Hijo, llévanos al amor. (2)

Madre del amor hermoso, Madre del amor,
en Caná intercediste ante tu Hijo, el Señor.
Madre del amor hermoso, Madre del amor,
En Caná tú conseguiste
el buen vino del amor.

Madre del amor hermoso, hecho dolor,
en la Cruz acompañaste
a tu Hijo redentor.
Madre del amor hermoso, hecho dolor,
en la Cruz nos engendraste
como hijos de tu amor.

Ruega por nosotros, santa Madre de Dios

Recurrimos a nuestra Madre, la Virgen María, para que interceda por nosotros, pues no sabemos pedir lo que nos conviene. En una palabra: no sabemos rezar. Según nos dice el papa Francisco, la oración es, sobre todo, diálogo, relación personal con Dios. Y el hombre ha sido creado para entrar en relación personal con Dios, teniendo en cuenta que aquel encuentra su plena realización solamente en el encuentro con su Creador. El camino de la vida es hacia el encuentro definitivo con Dios.

Con frecuencia nuestra oración procede de nuestras preocupaciones, de nuestros deseos más inmediatos, mientras que lo que verdaderamente interesa es lo que conviene a nuestra salvación. Por eso recurrimos a nuestra Madre, la Virgen María, que, a los pies de la Cruz nos tomó como hijos, y una madre siempre sabe y quiere aquello que es lo mejor para sus hijos.

Ella es la primera que supo orar al aceptar ser la Madre de Dios, al pronunciar: «Aquí está la esclava del Señor» (Lc 1,38). Mediante estas palabras «aceptaba de todo corazón la voluntad divina, se entregó a sí misma por entero a la persona y a la obra de su Hijo, para servir, en su dependencia y con él, por la gracia de Dios, al misterio de la Redención» (LG 56).

El evangelio de san Juan (2,1-12) nos muestra cómo es la oración de María y cómo intercede por las necesidades en un banquete de bodas, signo de otro banquete, el de las bodas del Cordero que da su Cuerpo y su Sangre a petición de la Iglesia, su Esposa. En ese momento, la Virgen María se dirige a su Hijo para advertirle que «no tienen vino». Nos dice: «No tenemos vino». No hay oración que no sea universal. Siempre que la Iglesia ora lo hace en plural. La oración egoísta no es oración.

María ha pedido a Jesús algo que, a juicio de ella, implica la realización plena de su mesianismo, o porque en su petición se prefigura la súplica urgente de los justos. Todavía tendrán que «hacer lo que él os diga» para que sea atendida la súplica de la Virgen María.

El modelo de oración por los demás lo encontramos en la venida del Espíritu Santo el día de Pentecostés. Ella, la llena de gracia y del Espíritu Santo, se encuentra presente «"perseverando en la oración, con un mismo espíritu" (He 1,14), en el amanecer de los últimos tiempos que el Espíritu va a inaugurar en la mañana de Pentecostés con la manifestación de la Iglesia» (CCE 726).

«Creemos que la Santísima Madre de Dios, nueva Eva, Madre de la Iglesia, continúa en el cielo ejerciendo su oficio materno con respecto a los miembros de Cristo» (Pablo VI, SPF 15).

«La oración de María se nos revela en la aurora de la plenitud de los tiempos. Antes de la Encarnación del Hijo de Dios y antes de la efusión del Espíritu Santo, su oración coopera de manera única con el designio amoroso del Padre; en la Anunciación, para la concepción de Cristo (cf Lc 1,38); en Pentecostés para la formación de la Iglesia, Cuerpo de Cristo (cf He 1,14). En la fe de su humilde esclava, el don de Dios encuentra la acogida que esperaba desde el comienzo de los tiempos. La que el Omnipotente ha hecho "llena de gracia" responde con la ofrenda de todo su ser: "He aquí la esclava del Señor, hágase en mí, según tu Palabra". *Fiat,* esta es la oración cristiana: ser todo de él es todo nuestro» (CCE 2617).

Miguel de Unamuno tiene una página digna de recordar en su *Diario íntimo* que dice así: «Madre de todas las gracias, me es como si mi alma ni otra cualquiera alma pecadora necesitara permiso ni mediador para contigo. Eres la inmensa mediadora de todos los pecadores. Es lo humano que llega a lo divino, por ella alcanzaremos que lo divino baje a nuestra humanidad. Acuérdate, acuérdate, dulce, escogida Reina, que tienes de nosotros, los hombres pecadores toda tu dignidad. ¿Qué te ha hecho Madre de Dios, asiento en que ha reposado dulcemente le eterna Sabiduría? ¡Te lo han hecho los pecados de nosotros, pobres hombres! ¿Cómo te llamarías "Madre de la gracia y la misericordia" a no ser por nuestra miseria que necesita de gracia y de misericordia? Nuestra pobreza te ha hecho rica, nuestros pecados te han ennoblecido sobre todas las criaturas. Cristo está aún muy alto; aparece a los débiles como inasequible. A él va, por María, la humilde y obediente».

Para profundizar...

«Bajo tu protección», de Juan Jauregui.
(Disco *Cantemos con María*)

Bajo tu protección nos acogemos,
Santa Madre de Dios.
No deseches las súplicas
que te dirigimos en nuestras necesidades.
Bajo tu protección nos acogemos,
Santa Madre de Dios.
Antes bien, líbranos
siempre de todo peligro,
oh Virgen gloriosa y bendita.
Bajo tu protección nos acogemos,
Santa Madre de Dios.

Para que seamos dignos de alcanzar las promesas de nuestro Señor Jesucristo

Jesús vino a este mundo para instaurar el reino de Dios, que se realiza a través de la muerte y resurrección de Cristo. De este Reino empiezan a formar parte los que siguen al mismo Jesucristo tomando la cruz de cada día, pues tendrá su pleno cumplimiento en la vida futura.

En su diálogo con Pilato, al preguntarle si él era el rey de los judíos, Jesús le responde que su Reino no es de este mundo. «Si mi Reino fuera de este mundo, mis súbditos lucharían para que yo no fuera entregado a los judíos. Pero mi Reino no es de aquí» (Jn 18,36).

El Reino del que habla Jesús es distinto de los reinados de este mundo, que se basan en el poder y la fuerza y tienen sus ejércitos para defenderlos. «Yo para eso nací y para eso he venido al mundo: para dar testimonio de la verdad. Todo el que es de la verdad escucha mi voz» (Jn 18,37).

«Jesús es rey, precisamente por el hecho de que ha venido a ser testigo de la verdad. ¿Qué verdad es la que se menciona aquí?... Se trata de lo que es uno, de lo que está completamente acabado, lo que es fiel y seguro, lo que viene de Dios, lo que Él tiene que desvelar, eso cuya venida a este mundo de tinieblas tiene todavía una historia por delante, lo que no existe más que si Dios lo revela... De esta verdad, de esta actividad divina y de esta realidad de revelación es de lo que aquí se trata. Y Jesús dice: "Precisamente porque soy testigo de esta verdad, soy el rey de este mundo". Pero, para entender estas palabras, hay que recordar que Jesús tiene conciencia de ser personalmente esta verdad que ha venido al mundo. Porque él está ahí, porque el Hijo está ahí, con toda su pureza, porque ha aparecido su inocencia, porque su amor se ha revelado hasta el extremo de la Cruz, por eso mismo la verdad de Dios está ahí y se manifiesta» (K. Ranher).

Esto es lo que nos prometió Jesucristo y para esto se encarnó: para liberarnos de la esclavitud del pecado y ganarnos la vida eterna. El salmo 89,2-5 dice: «Cantaré eternamente la misericordia del Señor, publicaré tu lealtad por todas las edades, porque tú has dicho: "Mi piedad es eterna, mi lealtad está cimentada en el mismo cielo". He hecho un pacto con mi elegido y he jurado a mi siervo David: "Afirmaré tu dinastía para siempre, asentaré tu trono por los siglos de los siglos"».

Para profundizar...

«Hoy te quiero cantar», de Cesáreo
Gabaráin.

(Disco *Madre del amor*)

Hoy te quiero cantar,
hoy te quiero rezar,
Madre mía del cielo;
si en mi alma hay dolor,
busco apoyo en tu amor
y hallo en ti mi consuelo.

Hoy te quiero cantar,
hoy te quiero rezar
mi plegaria es canción.
Yo te quiero ofrecer
lo más bello y mejor
que hay en mi corazón. (Bis)

Porque tienes a Dios (bis)

Madre todo lo puedes,
soy tu hijo también (bis)
y por eso me quieres.

Dios te quiso elegir (bis)
como puente y camino,
que une al hombre con Dios (bis)
en abrazo divino.

HOY TE QUIERO CANTAR...

Conclusión

Estas son solo algunas de las consideraciones que nos ofrece el rezo del Ángelus. A cada uno el Espíritu sugerirá otras muchas. El Ángelus es meditación, contemplación y plegaria al mismo tiempo, así como alabanza a Dios por el gran don de la Redención.

Oremos:

Infunde, Señor, tu gracia en nuestras almas, para que los que hemos conocido, por el anuncio del ángel, la Encarnación de tu Hijo Jesucristo, lleguemos, por los méritos de su Pasión y su Cruz, a la gloria de la Resurrección. Por Jesucristo, nuestro Señor. Amén.

Para profundizar...

«Madre del Redentor», de Emilio Pascual y
Francisco Palazón.

(Disco *Madre de los creyentes*)

Recibe Santa María
el saludo de Gabriel. (2)
Y apiádate de nosotros,
peregrinos de la fe. (2)

Madre del Redentor, Virgen fecunda,
que eres puerta de Dios,
faro en el mar.
Ven a librar al pueblo que tropieza
y quiere caminar. (2)

Virgen llena de Dios, Madre admirable,
que engendraste en tu seno al Creador.
Tú que el dolor conoces
ten clemencia del pobre pecador. (2)

La oración de alabanza

Según el Catecismo de la Iglesia Católica (CCE 2639), la alabanza es una forma de orar con la que reconocemos, de la manera más directa, que Dios es Dios. Pero profundicemos un poco más en ello.

La palabra «alabanza» proviene del latín «*laus*», que significa «elogio, consideración, merito, enaltecimiento...». Por tanto, la alabanza sería el acto, por medio del cual reconocemos las cualidades, las capacidades, las habilidades de una persona o criatura.

Refiriéndonos a la oración de alabanza, y recogiendo lo anteriormente dicho, podemos afirmar que es la manera que tenemos los seres humanos, cuando nos comunicamos con Dios, de reconocer y hacernos conscientes de lo que Él mismo es en realidad; de las cualidades que, desde nuestro humilde entender, puede tener Dios. De esta manera le reconocemos como omnipotente, como creador, como ser bondadoso, misericordioso, rico en piedad, como un Padre que cuida de todas sus criaturas y que lo único que quiere es la felicidad de todas ellas, especialmente de todas y cada una de las personas.

El centro de la oración de alabanza podemos decir que es Dios mismo. Por medio de ella, somos capaces de salir de nosotros, de nuestras propias inquietudes, problemas, preocupaciones, de nuestros propios pensamientos, para focalizarnos únicamente en Dios.

En la oración de alabanza pueden participar todas las dimensiones del ser humano: mente, corazón, cuerpo...

Con la oración de alabanza estamos reconociendo nuestra propia pequeñez y la necesidad continua y permanente que tenemos de Dios.

Tal y como nos recordó el papa Francisco, en una homilía en Santa Marta el 28 de enero de 2014, la oración de alabanza no suele ser algo espontáneo, pues nace de la gratuidad. No pedimos, no damos gracias, no suplicamos; simple y llanamente reconocemos las cualidades de Dios, no dirigimos a Él sencillamente por lo que Él es. Al no ser algo espontaneo, muchas veces es una oración que nos cuesta; es entonces cuando tenemos que pedir la ayuda del Espíritu Santo, el cual ora en nosotros, incluso con gemidos inenarrables (cf Rom 8,26).

En las Escrituras podemos encontrar innumerables ejemplos de la oración de alabanza, sobre todo en el libro de los Salmos, acerquémonos a ella para aprender a manifestar nuestra admiración a Dios y por Dios.

Pero, ¿podemos considerar el Ángelus como una oración de alabanza? Si hemos seguido con atención las reflexiones hechas a lo largo de cada uno de los apartados, nos habremos dado cuenta de la humildad de

María y de cómo desde un principio ella reconoce la grandeza y omnipotencia de Dios. Hemos podido ver cómo aquella muchacha de Nazaret confía totalmente en Dios y en que se va a cumplir su Palabra. Hemos podido contemplar la manera en la que María se abandona en la manos de Dios, porque lo considera un Padre misericordioso y amoroso.

Sí, la oración del Ángelus es una oración de alabanza, en la que María nos acompaña durante todo nuestro caminar, alabando con nosotros a Dios, para que así «seamos dignos de alcanzar las promesas de Jesucristo».